DU MÊME AUTEUR

Poésie, prose

LOCTURNES, Lettres nouvelles/Maurice Nadeau, 1978.

LA MATINÉE À L'ANGLAISE, Seghers, 1981.

ÉMONDES, Solaire, 1981 ; rééd. Fata Morgana, 1986.

DANS LA PAUME DU RÊVEUR, Fata Morgana, 1984.

UN DIMANCHE APRÈS-MIDI DANS LA TÊTE, P.O.L, 1984 ;
   Mercure de France, 1996 (nouvelle édition).

NE CHERCHEZ PLUS MON CŒUR, P.O.L, 1986.

PAPIERS FROISSÉS DANS L'IMPATIENCE, Champ Vallon, 1987.

PRÉCIS DE THÉOLOGIE À L'USAGE DES ANGES, Fata Morgana,
   1988.

PORTRAITS D'UN ÉPHÉMÈRE, Mercure de France, 1990.

RECHERCHE DU SOLEIL LEVANT, Fata Morgana, 1990.

LES ABEILLES DE L'INVISIBLE, Champ Vallon, 1990.

DANS L'INTERSTICE, Fata Morgana, 1992.

UNE HISTOIRE DE BLEU, Mercure de France, 1992.

L'ÉCRIVAIN IMAGINAIRE, Mercure de France, 1994.

DOMAINE PUBLIC, Mercure de France, 1998.

L'INSTINCT DE CIEL, Mercure de France, 2000.

CHUTES DE PLUIE FINE, Mercure de France, 2002.

PAS SUR LA NEIGE, Mercure de France, 2004.

UNE HISTOIRE DE BLEU, suivi de L'INSTINCT DE CIEL, *Poésie /*
   Gallimard, 2005.

BOULEVARD DES CAPUCINES, Mercure de France, 2006.

Suite des œuvres de Jean-Michel Maulpoix en fin de volume

JOURNAL D'UN ENFANT SAGE

Jean-Michel Maulpoix

JOURNAL
D'UN
ENFANT SAGE

MERCVRE DE FRANCE

Pour Adeline, Louis et Adrien

Il n'y a pas de grandes personnes.

ANDRÉ MALRAUX

J'ai composé ce volume à l'intention de mes camarades de l'école maternelle et d'amis inconnus : les garçons de trois à cinq ans, principalement. J'y ajoute volontiers quelques filles pas trop taquines, comme mes cousines Hélène, Émilie, Juliette et Chloé.

En dépit de sa relative difficulté, cet ouvrage peut devenir également accessible à des lecteurs plus âgés : les élèves de la grande école, voire certaines grandes personnes soucieuses de s'initier à ce que l'on appelle à tort les « mystères de l'enfance ». Afin de leur faciliter la tâche, j'ai pris la peine de rédiger plusieurs chapitres qui leur sont plus spécialement destinés.

Il me serait enfin infiniment agréable que ce livre de taille modeste trouve sa place dans le sac à main de jeunes femmes, entre des tubes de rouge à lèvres et des photos d'enfants.

C'est un livre « de bonne foi », lecteurs, et tel que chacun puisse y apprendre bien des choses !

On y lira d'abord mon journal, tenu régulièrement pendant les premières années de ma jeune existence. J'y traite de sujets graves tels que l'âge, le temps, les dames, la politique, les camions-poubelles, l'écriture et la vie sociale…

Puis on y prendra connaissance d'un cahier de leçons de choses, destiné à l'instruction de mes camarades auxquels sont rappelés, en même temps que les extraordinaires merveilles de ce monde, plusieurs grands principes du savoir.

Enfin, pour distraire mon petit frère Adrien, j'ai réuni des fables plus légères, contes et curiosités.

N'ayant pas atteint l'âge de la majorité, je confie à mon père, qui a déjà fait paraître un certain nombre de livres, le soin de signer ce volume. Je sais qu'il ne manquera pas de corriger certaines étourderies et qu'il saura se garder de trop mêler sa voix à la mienne.

Que chacun trouve ici une nourriture en tout point comparable à celle d'ouvrages plus savants.

Ce n'est pas un livre d'enfant ! Un Monsieur l'affirmait naguère : « Les livres que nous écrivons sont le produit d'un autre moi que celui que nous manifestons dans nos habitudes. » Et l'écriture résulte aussi d'un autre temps, bien plus compliqué que celui des horloges. Elle sait certaines choses que les enfants ignorent et d'autres qu'ils sont seuls à connaître.

CAHIER DE LOUIS

Les gens n'ont pas seulement leur âge ; jusqu'à un certain point, ils ont tous les âges, ou n'en ont pas.

D.W. WINNICOT

Je saute à pieds joints dans les flaques. N'y voyez pas malice, c'est mon bonheur! J'aurai trois ans en juillet : je marche sur le ciel.

Je cours derrière les papillons et bavarde avec les fourmis.

Si j'avale à petites gorgées l'eau de mon bain, ne vous affolez pas : je suis un buveur d'eau tiède. J'aime ce qui est doux et chaud. Après tout, le temps n'est pas si lointain où j'étais une espèce de poisson, nageant dans le ventre de maman.

Pardonnez-moi si j'arrache les pétales des fleurs et fais tomber les livres de la bibliothèque.

Je vide et je remplis. Je construis et détruis. Je fais, puis je défais. J'ai compris qu'en cette vie l'on doit répéter sans cesse les mêmes gestes. Il n'y a pas de dieux au ciel, juste un vieux Père Noël fatigué de ses jouets.

Je suis une éponge. Qui boit la lumière du soleil, les paroles, les sourires et les larmes.

Vous n'imaginez pas à quel point j'aime les bourdons, les scarabées et les étincelles d'or, tout ce qui bouge et grimpe, s'agite et brille.

Je vis dans la lumière du temps. Je ne sais pas encore le tic-tac des horloges. J'ai d'intraitables impatiences.

Je ne fixe pas longtemps mon attention. Mon regard vole au gré du vent. Je cherche au ciel la mouette bleue, celle que l'on ne voit pas et qui n'est qu'un mouvement du ciel, un peu d'azur qui se déplace.

J'aime beaucoup les oiseaux. Surtout le hibou de la forêt lointaine, les corbeaux et les mésanges charbonnières. Dans le grand courant d'air de la gare, je poursuis les pigeons qui se dandinent et qui boitillent.

J'aime aussi les tracteurs, les camions, les pelleteuses, les motos et les bus. Mais j'ai peur du moteur de la tondeuse à gazon.

J'ai le béguin pour ma vache blanche tachée de noir et chaussée de grosses roulettes rouges.

Je trouve toutefois les libellules infiniment plus élégantes que les grenouilles.

Je raffole des pots de compote et des gâteaux au chocolat.

Que dire encore? J'aime le bleu. C'est la couleur des gendarmes, des yeux de maman et des rideaux de ma chambre. Ceux de mon âge, en général, préfèrent le rouge. Mais c'est ainsi, j'ai le goût du grand large et de la maréchaussée.

J'ai un camion jaune avec des ailes bleues, un volant rouge et une hélice orange. Papa dit que c'est un avion, mais je ne le crois pas. J'ai beau appuyer sur tous les boutons, il ne décolle pas. Il joue de la musique, comme mon lapin en peluche et ma vache. Moto rouge, train bleu, arbre très vert : j'habite un monde sonore et qui marche sur piles, fait de couleurs vives et d'objets simples.

Mais pourquoi mon train déraille-t-il quand je m'assieds sur les rails ?

J'ai aussi un cabriolet en plastique avec une mariée plutôt godiche couronnée de fleurs blanches et un jeune marié très endimanché dont le costume noir sent la naphtaline. Je ne suis pas dupe de ces fantoches, non plus que de mes héros de carton.

Ma préférence, je dois l'avouer, va aux camions-poubelles.

Je ne saurais expliquer pourquoi je les aime tant, au point de pousser un cri de joie chaque fois que je croise l'un d'eux, ou de courir à la fenêtre quand j'entends au loin son bruit lourd et aperçois le rayon jaune de son gyrophare. Plutôt sale, le camion-poubelle n'a pas l'éclat brillant d'un camion de pompier, et les éboueurs debout à l'arrière ne portent ni casque rutilant à la façon des guerriers grecs ni veste de cuir... Pourtant, ce sont mes amis lointains. Ils me font signe de la main quand ils m'aperçoivent, accrochés à la machine malodorante qui s'éloigne.

J'ai les yeux bleus, les cheveux clairs. Compte tenu de mon âge, je suis de taille plutôt grande. Souriant, dit-on, et de bonne composition en dépit des caprices et des colères. L'hiver, je porte volontiers un bonnet à pompon et une paire de bottes vertes pour aller au jardin. L'été, pour me baigner, j'ai une bouée à tête de canard et des sandalettes roses. Qu'il neige ou qu'il pleuve, je reste capitaine. Mes désirs et mes rêves sont infiniment plus précieux que les jouets qui encombrent ma chambre d'enfant.

Je n'ai pas, comme Poil de carotte, le nez creusé en taupinière ni des croûtes de pain dans les oreilles. Je n'ai pas ses cheveux jaunes et je ne marche pas comme un bossu. Mais je mets comme lui les mains dans les poches ; je picore les pommes frites avec les doigts et fais fondre de la neige sur ma langue.

Je ne viens pas d'une autre planète et n'ai ni chat, ni chien, ni renard, ni mouton. Je n'ai pas d'amis. C'est ma tristesse. Tous ces jeux, ces soldats, ces voitures, ces peluches, à quoi bon! Heureusement que je parviens à me raconter à moi-même des histoires, à plat ventre sur la moquette bleue de ma chambre, nez à nez avec un camion, un cheval, un pirate. Je tire les invisibles fils de ce monde immobile.

Les astres les plus lointains n'ont pas de secrets pour moi. Avec mon avion de chasse, je grimpe vers Mars, plonge vers Saturne, déborde Pluton et vais me poser sur le Soleil, vêtu d'un éblouissant manteau de lumière blanche.

J'oublie alors que je suis seul. Mais cela ne dure jamais très longtemps.

Je ne suis pas toujours un enfant sage. J'ai des caprices, des angoisses et des colères. De terribles crues parfois me submergent. Mes yeux et ma raison se brouillent. Je ne suis que larmes et cris. Je me fâche et hurle de toutes mes forces, je trépigne et me roule par terre... puis, soudain, j'oublie ma colère.

Je n'ai guère idée du bien ni du mal. J'avoue un certain faible pour les bêtises, doublé d'une inébranlable aptitude à faire la sourde oreille aux interdits qui m'indisposent. Mais je ne suis pas rancunier.

Quand papa me dit sur un air de compliment ou de reproche : « Tu es grand maintenant ! », je lui réponds : « Je suis un petit grand. » Car il ne faudrait pas oublier qu'à côté des obligations et des charges qui me sont imposées, chaque jour un peu plus lourdes, il y a cette extrême liberté d'action et de propos que conservent les petits des hommes en leurs très jeunes années, mains frêles, épaules menues, cœur tendre sous l'écorce fine, perméable à tous les chagrins, tous les énervements. Si fière et affirmée soit-elle, ma petite personne est fragile : il lui faut le secours d'existences plus rassies que la sienne.

Selon les jours, je m'appelle Petite saucisse, Paupiette, Poussinet des oiseaux de la forêt lointaine…

C'est une étrange famille que la nôtre. Maman me caresse les cheveux en me disant « petite sardine » et appelle « mon chat » mon papa qui me dit « mon poussin ». En dépit de nos origines animales très variées, au moins ne songeons-nous pas à nous entre-dévorer.

Je ne prononce pas très bien mon prénom et le « labialise » à l'excès, les lèvres et la langue mouillées à la suite d'un usage prolongé de la tétine : *Loulli*, *Lulli*, comme ce musicien grand ordonnateur de fêtes qui fit naguère donner l'orchestre et tirer le feu d'artifice pour cet autre *Louis* qui n'était pas né comme moi un 14 juillet et se prenait pour le soleil !

Journal de printemps

J'aime le printemps : saison des jonquilles, des hirondelles et des tracteurs. La vie recommence brin à brin dans le jardin et dans les champs, avec des cris d'oiseaux et des ronflements de machines.

21 mars

Ai-je raison de vouloir tenir un journal ? Y a-t-il là des choses qui mériteront d'être conservées ? L'un de mes vieux maîtres qui connaissait bien les enfants disait : « Le terrible, c'est que rien n'est jamais oublié. »

23 mars

Tenir un journal? Quelle idée bizarre! Je n'ai du temps qui passe aucune notion précise. «Hier» peut aussi bien être demain, et «ce soir» avoir lieu dans plusieurs jours.

Ma mémoire est si neuve. De quoi pourrais-je me souvenir? Peut-être de cette sorte de lanterne magique que maman laissait allumée dans ma chambre à l'heure du coucher. Ce manège de lumière tournait dans la nuit et je le fixais obstinément, en savourant le sifflement familier du premier ou du dernier biberon de la journée : emporté par un attelage d'oiseaux, un Petit Prince volait au milieu des étoiles.

5 avril

Faut-il que je me raconte davantage? Même si je ne cherche pas à paraître meilleur que je suis, il me coûterait beaucoup d'analyser ici mes faiblesses. Est-il possible de tenir son journal sans trop parler de soi? Et sans se satisfaire de considérations trop ordinaires?

Une chose est sûre : ceux qui liront ces pages ne se divertiront pas à mes dépens. Je ne désire faire rire personne avec des mots d'enfants.

6 avril

Je lis *Brunette rumine*, de Valérie Guidoux. J'aime le caractère émancipé de la jeune héroïne qui « ne tête plus sa mère », son indépendance d'esprit, son appétit d'herbe verte, sa curiosité et sa manière de nouer des liens avec le caneton, le chat ou le lapin. C'est une petite vache tout à fait dans mon genre.

12 avril

Pour les vacances, papa et maman ont décidé de passer quelques jours à Paris. Et ce soir, je suis très content : dans le métro, j'ai vu des aviateurs. Ils portaient un blouson fourré et un gros casque radio sur la tête, avec des écouteurs énormes et tout brillants. La tour de contrôle leur envoyait sûrement des messages pour les aider à retrouver leur avion car ils fermaient les yeux pour écouter et se balançaient un peu pour dire qu'ils étaient d'accord.

À côté, assis sur un strapontin, penchés sur leur écran, d'autres jouaient frénétiquement du piano à consonnes avec leurs gros doigts.

C'étaient sans doute les ingénieurs ou les espions qui tapaient des messages secrets.

14 avril

J'ai toujours autant de peine à tenir ma langue. Papa me gronde quand je passe à côté d'un Monsieur très gros et que je demande s'il a trop mangé.

15 avril

Je trouve quand même que le métro sent très mauvais. Les gens n'y sont pas très polis, ni très souriants.

Où vont-ils ? Je ne sais pas. Peut-être vers nulle part. Mais ils y courent, et avec quel empressement, quelle bonne volonté, vers un trou de terre noire tout au bout du tunnel obscur, pressant le pas, jouant des coudes pour entrer les premiers dans la bringueba-lante machine. Baissant la tête quand dans la rame entre un bonhomme sale quémandant un Ticket-Repas !

2 mai

Parfois, je désespère. Il arrive même que je me fâche tout rouge. Comprenez pourquoi ! Je suis venu ici sans que personne ne sollicite mon avis. Je n'ai rien décidé de ce monde, participé à l'élaboration d'aucune de ses lois, et pas même choisi la couleur du papier peint de ma chambre… Je n'ai autorité que sur mes soldats de plastique et mes peluches. Et c'est à peine si l'on me demande mon avis quant à la durée de mes nuits ou la composition de mes repas. « Fais pas ci, fais pas ça… », les grandes personnes n'ont que ces phrases-là à la bouche du matin jusqu'au soir. Leur monde est une succession de sens interdits et d'impasses. Comment pourrais-je y tracer mon chemin ? Et pour aller vers qui, vers quoi ?

8 mai

On dit que je porte bien mon prénom : je règne sur un royaume de jouets et de fables !

Pourtant, ce monde est dur avec des creux, des bosses, des portes et des murs. Je m'y cogne souvent.

Je construis, je détruis. Je suis un petit maçon ou un puissant tyran. Contraint en vérité de m'ajuster sans cesse à ce monde que je découvre.

Enfant sage, sûrement pas! Plutôt brigand, pirate, délinquant précoce, voleur de poules et de bonbons, bandit de petit chemin! Diablotin par nature, je n'ai besoin de personne pour apprendre à tirer la queue du chat!

Au jardin zoologique, il y a quelques chèvres, trois moutons pelés avec une boucle d'oreille en plastique jaune, des canards qui se disputent et une sorte de grosse poule bleue qui ouvre en éventail ses longues plumes où sont dessinés des yeux.

Ce jardin m'en rappelle un autre, ailleurs, dans une campagne très verte. Tout au bout, une barrière de fil de fer et de bois. Juste derrière, broutait un bœuf. Un énorme bœuf blanc, silencieux, aux yeux vides, toujours un brin d'herbe à la bouche…

Ce fut mon premier été. Sans doute le plus paisible. On ne me grondait pas. Je faisais la sieste dans un lit pliant, sous le pommier, protégé par une moustiquaire. Et c'est dans ce jardin que j'appris à marcher.

J'y vis tomber les feuilles. J'y vis tomber la neige.

Mon père, à cette époque, conduisait un tracteur rouge. Pour tondre le jardin, il faisait de grands cercles.

Cette machine m'effrayait et m'attirait à la fois. De ce temps date sans doute mon goût très prononcé pour les machines bruyantes.

À présent, un gros tracteur noir est garé dans le salon.

C'est un instrument très étrange, pourvu de trois pédales et de minuscules roues dorées.

Parfois maman s'assied devant et joue de la musique. C'est tonnerre ou pluie très douce. Il me semble qu'un jour neuf et joyeux se lève dans cette boîte remplie de nuit.

Je regarde parfois le couvercle fermé, et chante alors tout seul des sortes de romances où il est question de mon ami Pierrot à qui j'ai demandé de me prêter sa plume, d'un petit moulin sur la rivière, ou de la pêche aux moules que vraiment je déteste.

Ce sont là mes histoires et leur simple musique.

Connaissez-vous la chanson du petit Prince?

Lundi matin, l'Empereur, sa femme et le p'tit
Prince
Sont venus chez moi pour me serrer la pince
Comme j'étais parti, le pt'it Prince a dit
Ma foi tant pis nous reviendrons mardi…
Mardi matin, l'Empereur, sa femme et le p'tit
Prince…

Je suis triste, très triste, pour ce petit Prince qui chaque matin de la semaine revient pour rien, ce petit Prince qui tourne en rond dans le temps et que je ne rencontrerai jamais. Il aurait pu être mon ami.

En vérité, je ne comprends rien aux calendriers ni aux horloges. Je n'ai aucune idée précise des heures, des jours et des semaines. Je sais seulement que le temps que je passe dans mon bain est court, et bien long celui où je suis contraint de rester dans ma chambre pour faire la sieste.

Je sais aussi que le dimanche il n'y a pas école, et que le samedi matin papa s'en va de bonne heure au marché pour acheter des huîtres. Il les ouvre le soir avec un couteau spécial, puis il les mange avec maman en allumant dans le salon une bougie rouge. Je m'assieds à côté d'eux pour goûter le jus de ce caillou bizarre qui sent la mer, et je suis heureux !

Je prends parfois des allures d'employé du gaz, un stylo coincé sur le dessus de l'oreille, occupé à relever des compteurs imaginaires.

Connaissez-vous le bonheur du crayon et du carnet?

Je ne sais pas écrire. Et pourtant je griffonne. Je ne dessine pas des bonshommes ou des maisons, je cherche des signes. Avec des feutres de couleur, sur ma table d'écolier en plastique orange, je note et je rature, à tout propos, furieusement, toutes les choses que j'ignore. Il y a beaucoup à dire sur le monde, beaucoup à corriger. J'ai devant moi quantité de pages blanches, un grand livre à écrire.

Le matin, quand papa me conduit à l'école, je reste un instant entortillé dans ses jambes avec des grimaces puis je file m'asseoir sur le grand fauteuil rouge. J'attrape une feuille de papier et un crayon. Je commence à écrire : c'est ma façon d'attendre et de me résigner à l'absence. Les jeux des autres m'indiffèrent car ils ne sont que jeux d'enfants. J'y trouve rarement cette gravité, ce mystère et cette bizarre beauté qu'ont les signes sur le papier. N'est-ce pas un geste étrange que de tracer ainsi quelque chose de sa propre main ? En écrivant, je me délecte d'un singulier pouvoir.

Je compose à la mine de plomb de longues histoires illisibles dont nul ne saura jamais les péripéties.

Ce ne sont pas des mots d'enfants, pas même des mots de tous les jours. Plutôt de ces fusées qui passent très vite et très haut dans le ciel. Des phrases et des mots météores qui jettent leur clarté et s'enfuient. Ou cette infime poussière d'amour que l'on imagine tomber de la queue des comètes.

C'est manière de garder la langue en enfance, surprise et ravie d'être là.

Bien sûr, j'ai le souffle court. Je ne peux développer de longues phrases. J'écris avec une main d'enfant. Perdu dans la forêt si profonde de ce monde auquel je ne comprends rien, il me semble parfois que je sème sur le papier de peu visibles cailloux blancs, ou des miettes de pain inutiles, vite picorées par les oiseaux. Mais j'avance bravement. Avec mes régiments de chevaliers, de gendarmes et de pirates. Et mes ours en peluche qui ne craignent personne. Pas même ce grand diable de dragon à pédales exilé au fond du placard.

Qu'ils me semblent loin, ceux d'en haut dont la tête roule et tangue à près de deux mètres du sol, loin, très loin du monde dont je suis le prince et où ils ne pourraient entrer qu'à genoux, en pliant le dos... Loin, non pas plus forts, plus sages ni plus savants que moi, mais ayant changé d'échelle, peu à peu, sans s'en rendre compte, année après année, et troqué leur esprit d'enfance contre des affaires, des projets, des tâches et des obligations de toutes sortes, incurieux désormais de cette terre où ils marchent, des animaux, des fleurs, de la purée de carottes et des petits Gervais, accaparés par autre chose d'infiniment grave et sérieux à quoi je ne comprends rien et qui les conduit par exemple à se téléphoner sans cesse.

Sur un point, un seul, nous nous rejoignons,

eux les mâles à la voix grave et moi le petit prince sans royaume : notre goût commun pour les automobiles rapides dont brillent les chromes et ronfle le pot d'échappement.

J'ai beau n'avoir que trois ans, papa m'encourage à écrire mon journal en répétant qu'il n'y a pas de grandes personnes, juste des déguisements plus ou moins bien ajustés, des masques d'adulte important posés sur le visage d'un enfant qui pleure dans la nuit et qui ne craint rien tant qu'on lui prenne son beau camion rouge ou sa poupée.

Comédie ! comédie ! Pas d'adultes, mais des mendiants, des faiseurs et des clowns ! Puisque la vie humaine est une grande farce, moi aussi je me déguise : en cow-boy, en *sheriff*, en infirmier ou en gendarme. Ne croyez pas que je sois dupe de ces chimères ! D'ailleurs, la nature m'a pourvu d'un sens particulier : je vois le garnement sous le préfet et sous le juge ce bonhomme falot qui a peur la nuit d'aller faire tout seul ses petits besoins à l'autre bout du couloir.

En général, les grandes personnes manquent à la fois de sérieux et d'humour. Leurs discours suent l'ennui et leurs jeux sont puérils. Toujours les mêmes histoires de rôti trop cuit et de fruits pas mûrs, de croûtes et de navets, d'ambitions et de jalousies, de ballon ovale et de ballon rond, de travail et d'argent, de droite et de gauche. La même prétention à savoir et décider de tout.

Elles ne connaissent ni le sandwich à la tortue bleue, ni le thé au gruyère, ni le café à la limace que je prépare dans ma baignoire. Elles n'ont pas trempé de souris verte dans l'huile pour en faire un escargot tout chaud. Elles n'ont pas lu les aventures de Pétronille. Elles n'ont pas rencontré l'élégant lapin blanc aux yeux roses qui porte une paire de gants blancs et tire une montre de son gilet. Leurs boissons sont fades : l'alcool n'y change rien !

Et puis l'on aurait tort de croire que les grandes personnes parlent toujours pour dire quelque chose d'important. Elles parlent souvent pour ne rien dire. Comme on rit, comme on pleure, comme on gesticule, ou comme on chante tout seul ! Elles font des gestes avec les mots. Leur bouche souffle la soif, la faim, la détresse ou l'amour. Aussi faut-il souvent entendre dans leurs paroles tout autre chose que ce qu'elles disent.

Je casse la croûte avec les dieux, les diables, les angelots et chérubins de toutes espèces. Je ne crois guère au ciel, mais au-dedans de l'homme et de la femme agité de frissons et de désirs.

Les animaux sauvages que je fréquente m'ont enseigné que l'âme et le corps ne doivent pas être séparés, mais que l'instinct de ciel brûle en chacun de nous.

L'infini ne peut être atteint que par des voies sensuelles, comme les chats l'ont bien compris, ainsi que les papillons et les lézards, mais comme l'ont ignoré dinosaures et dragons qui pour cela ont disparu de la surface de la terre.

Soyons honnête : je n'ai pas d'opinions politiques fermement établies. Chaque fois que j'en ai l'occasion, il me plaît toutefois d'introduire une certaine confusion dans les classes, les ordres, les hiérarchies et les fonctions : mes ambulanciers portent volontiers des chapeaux de pirates, mes employés municipaux chevauchent de noirs destriers, tandis que mes cowboys, devenus éboueurs, s'accrochent à l'arrière de mon camion-poubelle. Mes motards de la police sont à la rame sur une galère romaine et mes pompiers travaillent aux champs, ainsi que l'avait souhaité le Grand Timonier dans son petit livre.

Constituée de chevaliers et de pirates, l'Histoire du monde est une succession interminable de batailles auxquelles nulle initiative de paix, nulle conférence internationale et nul armistice ne parviendront à mettre fin.

Les mœurs politiques sont cruelles. La vie publique procède par égorgements silencieux et étouffements tranquilles.

Après tout, l'univers sur lequel je règne est d'une nature perméable et flexible. Il se pourrait qu'il recèle les germes d'une société meilleure quoique bien peu égalitaire : il n'est pas rare que tel ou tel de mes sujets de plastique jette aux oubliettes tous les autres !

Quand je serai grand, je serai contrôleur de trains, pour pouvoir siffler.

Quand je serai grand, je serai docteur cosmonaute et capitaine pirate des gendarmes pompiers.

J'aurai une fusée, un camion rouge avec un tuyau pour éteindre les incendies, des tickets, des pièces de monnaie, un fusil, et un long train bleu comme celui que papa prend pour aller travailler. Moi aussi, j'irai à Paris et je dormirai chez papi et mamie.

J'aurai aussi une voiture de course et une grosse moto, un avion de chasse avec une remorque pour mettre un cochon, un lapin, un cheval et mes outils de bricolage.

Comme Superman, Spiderman, Batman, Zorro et les autres, j'aurai une cape : elle sera bleue, avec de petits pois rouges.

Je boirai du vin, de l'eau qui pique et du café. Je prendrai des avions dans les aéroports pour m'en aller voir les Indiens d'Amérique, les lions de la savane, les ours blancs de la banquise et les alligators. Je mangerai comme papa à la cantine sur un plateau de plastique gris des carottes râpées, du poulet rôti avec des frites et de la salade de fruits en boîte. J'écouterai les vieilles dames très permanentées parler la larme à l'œil de Johnny ou de Julien en chantonnant *La Californie*. Malgré ses creux, ses bosses et ses trous d'air, la vie sera simple et tranquille. Il y aura moins de sorcières et moins de méchants qu'aujourd'hui.

Journal d'été

J'ai trois ans aujourd'hui. C'est beaucoup, il me semble. Surtout pour un petit garçon qui apprend à compter.

Un, deux, trois, quatre, cinq, six, sept, huit, neuf, dix, onze, douze, treize, quatorze, dix-neuf, soixante, soixante et un, quatre-vingts, quatre-vingt-douze… Je compte plus ou moins à ma guise, selon les heures, les jours, l'énergie, l'enthousiasme, la fatigue et le taux de bonne volonté investi dans ces opérations…

Un et un ne font pas forcément deux, selon qu'il s'agit de papa-maman, de papi-mamie, ou d'autres messieurs-dames.

Et les doigts de mes deux mains ne sont pas aussi nombreux selon que je porte des moufles ou des gants.

Mes voitures et mes camions n'ont pas tous quatre roues, loin de là.

Non plus que mes lapins, mes ours et mes chiens ne sont assurés de conserver deux oreilles et quatre pattes.

D'ailleurs, les chiffres de la vie humaine sont instables : qu'il s'agisse de la température du corps, de celle du cœur ou de l'âme.

16 juillet

Pourquoi ? Pourquoi ? Je demande, je demande encore. L'entreprise de la connaissance est infinie. Dans les livres que l'on m'offre pour mon anniversaire, je trouve plus de questions que de réponses… Ce monsieur qui porte un turban, pourquoi est-il assis sur un tapis qui vole ? Et cette fille aux cheveux très noirs, à la peau excessivement blanche, qui a croqué dans la pomme rouge, pourquoi s'est-elle endormie ? Et cette autre, avec sa pantoufle, pourquoi s'est-elle enfuie comme une voleuse aux douze coups de minuit sans prévenir le Prince ?

Il y a trop de choses incompréhensibles, trop de sorcières et de méchantes femmes, trop de chats qui courent derrière les souris et de loups qui croquent de gentils agneaux.

Bien sûr, le monde n'est pas une chanson douce. Plutôt une sorte de tâche assez rude et dont chacun ignore aussi bien l'étendue que le sens.

19 juillet

Parfois, j'envie les fleurs qui sont au jardin. Il me semble que si j'étais l'une d'elles je n'aurais besoin pour me nourrir que d'un peu d'eau et de soleil.

22 juillet

Me pardonnera-t-on de dire des choses qui ne sont pas de mon âge? L'écriture, après tout, autorise des invraisemblances que ma condition d'enfant sage ne saurait empêcher. Ne suis-je pas libre de parler à qui me plaît comme bon me semble?

« Seul évidemment, l'escargot est bien seul. Il n'a pas beaucoup d'amis. Il n'en a pas besoin pour son bonheur. Il colle si bien à la nature[1] [...]. »

29 juillet

Je m'étonne de ne pas rencontrer sur cette terre les mêmes créatures que dans mes livres : ni chevaliers couverts d'une armure étincelante, ni *capitaines crochets*, ni oursons bavards... On a beau raconter ce que l'on veut : je n'ai jamais vu de cigogne transporter un bébé éléphant, un bébé tigre ou un bébé girafe dans un grand sac accroché à son bec. Ce ne sont que des histoires à dormir debout !

3 août

Agréable matinée à la plage sous le parasol rose de Blandine. Plus grande que moi, elle a l'âge où l'on perd ses dents et un sourire de petite vieille

---

1. Francis Ponge.

ayant beaucoup vécu. J'admire ses châteaux de sable aux créneaux recouverts de coquillages, sa pelle rouge, et trouve charmant son minuscule bikini rose.

6 août

Au bord de l'eau, ce matin, s'ennuyait un grand roux avec des oreilles pointues et des taches de rousseur, dans le style Poil de carotte. Haricot ou asperge rouge plutôt, la peau cuite par le soleil, les os saillants et les cheveux en épis. Je lui ai prêté mon seau vert pour bâtir un donjon, mais il a mélangé trop d'eau avec le sable, et le château s'est effondré. Ce n'est pas un bon maçon !

7 août

Les vagues sont du genre taquines. J'étais parti rincer dans la mer mes mains pleines de sable, j'ai aperçu un crabe minuscule qui marchait au fond de l'eau ; j'ai essayé de l'attraper et me suis retrouvé mouillé jusqu'aux cheveux !

J'aime les glaces au sirop avec un bâton en bois. Elles coulent, froides et sucrées dans la gorge.

11 août

Depuis ce matin, j'ai un copain british. Il s'appelle Félix et porte une étrange casquette à rabats, façon *Charbovari*, pour se protéger du soleil. Moi, je l'aurais plutôt crue destinée aux journées de neige !

Félix dit des mots que je ne comprends pas et remplit son seau de plastique avec des pierres. Nous communiquons sur cette base, étroite, élémentaire, mais solide.

13 août

Avec ma pelle et mon seau, du sable et de l'eau, je poursuis mes petits trafics sur la plage, durant des heures, sans me lasser. Je construis, je détruis, je vide et je remplis. Je bâtis des châteaux, trace des routes, creuse et recreuse… Si je le pouvais, je viderais la mer de son eau. J'ai beau n'avoir qu'une petite pelle en plastique vert, quand je me tiens face au grand large le combat n'est pas si inégal.

L'attention des dames tient une place importante dans ma jeune existence. Dans l'autobus, elles me sourient en coin. À la caisse du supermarché, si je réclame à papa des bonbons, elles prennent un air faussement sévère en fronçant les sourcils, mais je sens bien qu'elles ne demandent en vérité qu'à me les offrir, elles, ces bonbons que mon père me refuse.

Je fais des mines et joue au timide. Cela plaît aux dames.

Parfois, je réponds à leurs compliments par une espèce de *hip-hop* à ma façon : je commence par me casser la binette, pour faire admirer ma prestance, puis je me tortille sur le sol, non sans observer très attentivement leur réaction. Si elles semblent conquises, je leur offre de faire un tour dans mon camion de pompier.

Volontiers, elles me demandent mon âge ou mon nom. Ce matin, à la sortie de l'ascenseur, c'était une petite vieille charmante toute chenue et tassée, presque aussi minuscule que moi quand j'étais jeune, avec un de ces paniers à roulettes que l'on traîne derrière soi pour aller faire les courses, un manteau rouge, un chapeau jaune et une canne… En dépit de son très grand âge, elle ne manquait pas d'allure. Quand elle m'a demandé gentiment mon nom, je lui ai répondu d'une voix de stentor : *Louis Maulpoix capitaine-gendarme!* Je crois que cela l'a beaucoup impressionnée.

Ma mamie elle aussi est une vieille dame. Elle marche péniblement, à tout petits pas, avec une canne, en s'appuyant parfois sur les murs. Je ne la vois pas très souvent car elle habite loin.

Il n'y a jamais près de moi d'aïeule ou de mèregrand aux cheveux gris, une corbeille à ouvrage posée sur les genoux, avec, sur le dessus, des aiguilles à tricoter et une paire de ciseaux. Pas de dame à bonbons et à petits gâteaux, à tartelettes et à tricots, le cœur et la voix tout enveloppés de laine douce.

Pour épater les dames et les filles, je cours, je saute, je vole, je *galopète*. J'ai des ardeurs et des audaces. Pas d'hésitation ni de nostalgie. J'entreprends, je décide, je vais de l'avant. Pourquoi regarderais-je en arrière, comme les mélancoliques, les songe-creux et les poètes? Derrière moi, dans les années profondes, quand j'étais vraiment très très petit, au commencement le plus minuscule de mon existence, il n'y a que la nuit, une nuit tiède et liquide à la peau très douce. J'en garde le goût dans la bouche, mais je serais bien incapable d'y discerner autre chose que des ombres.

J'en retrouve le goût dans mon bain où je barbote à qui mieux mieux.

Vous dirai-je les voluptés de la condition d'otarie? Elles se mesurent en éclaboussures, plongeons et gorgées d'eau tiède. Il importe de disposer pour la circonstance de quelques canards ou pirates tôt noyés dans la mousse avec leur attirail de barques et de canons. Ni masque ni tuba : je fais le requin, rampe comme un crabe, puis émerge soudain comme un dauphin ou une baleine! Je me métamorphose. Je suis toutes les mers du monde, et tous les poissons à la fois.

J'aime beaucoup ma cousine Hélène. C'est une tendre poupée qu'effraient parfois mes brusqueries. Elle a de belles joues, des bras blancs, de longs cheveux bouclés, et porte souvent une robe couleur de violettes et de roses. Elle n'est ma cadette que de trois mois, mais auprès d'elle je suis très grand : je la prends par la main et lui montre les choses du monde. Elle est à ce jour la seule fille à qui j'accepte de prêter mon camion-poubelle.

Papa m'a emmené au zoo avec Hélène. Nous avons vu les éléphants et les girafes, les ours, les lions et les hippopotames, mais les rhinocéros sont restés cachés. Au fond d'un grand aquarium dormait un crocodile. Nous avons mangé des saucisses en écoutant de la musique, et nous avons fait des tours de manège sur un cochon en bois et une moto Harley Davidson.

Papa dit qu'Hélène est le prénom de la beauté. Il raconte que dans une vie passée, elle s'est promenée en sandales sur les murailles de Troie en faisant jaser les vieillards qui ne la quittaient pas des yeux ; elle a connu Thésée, le fondateur d'Athènes, Ménélas le roi de Sparte, Pâris le fils de Priam, et même Achille le meilleur des Achéens… Pourtant, elle n'en parle guère !

Je suis heureux comme un jeune marié et je souris aux anges quand je descends l'escalier au bras de Chloé, l'aînée de mes cousines, tout habillée de rose et de réséda.

Au mariage de Julie, nous avons couru le long des tables et mangé tous les cœurs en chocolat éparpillés sur les nappes blanches.

J'ai pris en photo ses yeux bleus.

Je regardais le monde et lui disais :

– *Qu'est-ce que tu en penses ?*

J'aime son rire de petite fille.

Joueuse, à cache-cache. Toujours aux aguets. Appréciant les conduites et les affaires humaines.

Quand elle sera très grande, Chloé sera docteur comme son papa ; elle se mariera avec un cosmonaute et aura des enfants qui rêveront d'être gendarme ou pompier, puisque ainsi va le monde.

Feuilles d'automne

Aujourd'hui, jour de l'automne, s'est tournée une page importante de ma vie.

Ce journal n'est plus tout à fait le mien.

J'ai un petit frère, Adrien. Cela devait être le bonheur. Mais il est né trop tôt, trop vite. Il ne rentrera pas tout de suite à la maison. Maman est restée près de lui. Papa dit qu'il faudra être patient. Petit frère n'est pas encore assez solide pour venir près de moi. Là-bas, à l'hôpital, il se bat contre les pirates de la nuit. Il est très courageux. Papa dit que c'est un petit soldat.

29 septembre

Mais où s'en va le bleu du ciel lorsque tombe la nuit?

3 octobre

— *J'aime maman, j'aime papa, j'aime Adrien et j'aime Louis.*

Évidemment, je ne m'oublie pas. Sinon, qui pourrais-je aimer ?

Peut-être l'une des raisons de ce journal est-elle de dire ce que j'aime. D'ailleurs, je fais bien volontiers à qui m'écoute de brèves déclarations d'amour.

Il faut, pour dire les choses du monde, en passer par le bruit du cœur et ses curieux grelots.

6 octobre

Aujourd'hui, j'aime tout le monde, même les voleurs et les gendarmes. Et tous les papas, et toutes les mamans, et tous les gens qui sont sur la terre. Même Maxence qui pourtant m'embête à l'école.

Mais je n'aime pas les épinards et les rhinocéros, les crocodiles, les araignées et les serpents. Je n'aime pas non plus quand je dois sortir de mon bain ou quand papa et maman s'en vont à l'hôpital.

7 octobre

J'oubliais : j'aime la neige et la mer, le bleu et le noir, les chips et les bonbons, le gruyère et les saucisses, la compote de pommes et le chocolat, les voitures, les avions de chasse et les camions de pompiers… Tout cela fait un grand bazar dans ma chambre quand je sors mes jouets.

8 octobre

Il y a beaucoup de livres dans notre maison. La chambre est une bibliothèque.

Vous n'imaginez pas avec quelle délectation je m'en vais garer mon camion à côté du rayon Hegel, Mallarmé, Merleau-Ponty ou Michaux, entre la grosse encyclopédie, le *Thesaurus* et le *Dictionnaire historique de la langue française*.

9 octobre

Hugo pour sa poigne de père et sa barbe de grand-père, Baudelaire pour l'ardeur du charbon, Verlaine pour les cheveux de la fée verte, Rimbaud pour les souliers blessés, Mallarmé pour les plis et les déchirures bleues, Valéry pour la clef, Michaux pour les poteaux, Jaccottet pour la vigilance et Ponge pour la méthode.

Balzac pour les litres de café noir, Stendhal pour parler de l'amour, Flaubert pour le gueuloir et l'allée de tilleuls, Proust pour le liège et le thé, les bouquets de violettes et les jeunes filles en fleurs.

Montaigne pour le muscle et la verdeur. Rabelais pour Thélème. Pascal pour le silence des espaces infinis. Voltaire pour le venin et Rousseau pour la vigne.

Chrestien de Troyes pour Lancelot, Jacob Grimm pour Blanche-Neige, et Charles Perrault pour la Belle au bois dormant et le Petit Poucet.

Je fais collection de grands hommes, de princesses et de soldats de plomb.

10 octobre

Je lis *Le Château de Babar*. Et ce n'est pas tant l'histoire qui m'importe que l'armure dorée d'Arthur et la merveilleuse tondeuse jaune sur laquelle est assis le roi des éléphants.

11 octobre

J'aime marcher dans les feuilles tombées en les faisant voler et craquer à grand bruit. Je me roule comme dans l'herbe sur ce tapis doré : je voudrais y nager, jouer au lapin ou au hérisson.

12 octobre

Pour Adrien, j'ai colorié toute la matinée des chevaliers dans le bureau de papa, en essayant de ne pas déborder. Mon feutre rouge ne marche pas très bien : il faudrait le tailler.

18 octobre

Un dimanche gris d'ennui… Pour me distraire, j'ai feuilleté les livres de mon père. C'est de la littérature plutôt douce, dans le genre poésie pour dames, exquise à l'heure du thé avec de petits gâteaux secs. Ça pétille, mais ne remue guère, trop sage à mon sens et un brin enfantin. Moi, j'écrirai des romans, avec des chevaliers, des Romains, des combats et de la couleur.

2 novembre

Je voudrais respirer les mots comme on respire le parfum des fleurs. Les cueillir sur le papier et les disposer en bouquets dans des vases si transparents qu'on en oublierait l'eau. Alors on se prendrait à croire que ces mots-fleurs coupés se tiennent debout tout seuls… Le livre dont je rêve, ce serait cela : un bouquet de fleurs parfumées plantées dans une eau invisible. Une sorte de miracle. Comme on en rencontre précisément dans les livres. Des fleurs sans histoire et sans ombre. Et pourquoi pas sans tiges, suspendues comme des étoiles au ciel. Ou comme des papillons.

11 novembre

Je vais, je vole, je cours et je venge… Je ne sais pas très bien qui ni pourquoi. Je suis Zorro, chevalier, gendarme, pompier, cosmonaute, et je colle les voitures, les bonshommes et les maisons avec mon doigt comme Spiderman…

Je rêve ma vie en armes, au secours de la veuve et de l'orphelin !

Je vous parlerai de mon père…

De ces heures passées près de lui, assis à mon petit bureau de plastique jaune, un bouquet de crayons dans les mains, découpant des bouts de papier, griffonnant, bricolant, reproduisant ses gestes, ou plutôt poursuivant à sa place la grande et mystérieuse aventure d'écrire, cette étrange affaire d'encre qui commence par tant de tracés hésitants et de lignes brisées.

Je vous parlerai de son regard dont je n'aimais guère qu'il fût lointain, perdu dans l'horizon des livres qui élevaient leurs murs autour de nous…

Ce journal : le peu d'encre que je lui consens, entre le lait du matin et le lait du soir, mes impatiences, nos jeux, nos promenades.

Papa n'a pas le même âge que maman. Ses cheveux sont gris. Il pourrait être mon grand-père. Mais il est très grand : j'aime qu'il me donne la main quand je marche à côté de lui.

Il me regarde parfois avec une tristesse et une tendresse immenses. Le cœur mordu par le chagrin.

En vérité, il me semble que le bonheur parfois s'étrangle en lui, douloureux comme une lumière trop vive ou un excès de beauté.

Peut-être est-il entré dans cet âge où le souvenir de ce qui fut et le regard posé sur ceux qui commencent de vivre tiennent désormais lieu d'aventure.

Quand il vient me chercher à l'école, il a toujours dix minutes d'avance, impatient de mettre fin à notre séparation qui ne dure jamais que quelques heures.

Réveillé par mon cri d'enfant, papa est un homme qui *ne finit pas ses rêves*.

Finissons-nous jamais nos rêves ? Ne doivent-ils pas se perdre dans la nuit ?

Nous partons parfois tous les deux en voiture vers des destinations improbables : un zoo, un jardin, un souvenir d'enfance, des Noëls oubliés et des noms perdus sur la carte, un marchand de fromages, de volaille ou de vin… Nous achetons des chips et des petits gâteaux que nous grignotons au bord de l'autoroute.

Naguère, lui aussi était assis sur la banquette arrière.

À l'âge où menacent l'amertume et l'usure, je lui rends le monde tout en nouveauté.

À présent, il grandit en même temps que moi. Il bricole des motos et répare mon camion-poubelle au petit déjeuner.

Il est ma force, je suis la sienne. Me voici devenu l'alibi inespéré de son existence. Il n'avait plus de raison d'être. Rien d'autre que poursuivre pour rien, ou en vue d'une « gloire » aussi vague que vaine, cette entreprise d'écrire qui lui avait jusqu'alors tenu lieu de vraie vie.

Ne ricanez pas. S'il n'écrit plus guère, c'est pour me protéger. Il entend rester avec moi, de ce côté-ci de la vie. Le plus longtemps possible.

Quand il conduit, je lui répète : « Regarde devant toi, papa. »

Pour entrer dans l'espace de mes jeux, pour se faufiler dans mon temps dont les chambres sont si petites, papa se plie, se met en quatre. Parfois lorsque je pleure, il vient se coucher sur la moquette au pied de mon lit. Il arrive qu'il s'endorme avant moi.

– Dessine-moi un poème !

Papa trace un rectangle sur la page et le remplit d'étoiles :

– Un poème, c'est une fenêtre qui brille. On voit le monde à travers… On peut aussi s'enfuir par là…

À l'âge où j'étais jeune, quand je buvais encore de tout petits biberons, papa écrivit ce poème :

En moi le jour se lève, si tardive que soit l'heure, si noire la nuit déjà tombée.

Le jour et la nuit ont changé d'horloge. Le temps de ma vie bat dans le tien.

Ta vie à petits bruits. Tes soucis de lait. Ton front qui se plisse. Tes façons comiques de Bouddha sévère. Ton savoir, ta sagesse immense. Et cette moue sans appel qui se moque des affaires publiques.

Ta tête de porcelaine, si petite et si lourde au creux de mon bras gauche. Tes yeux encore emplis de nuit. Qui cherchent et qui s'étonnent.

À l'affût d'un cri, je tiens ton sommeil contre moi. J'aime ce pouvoir dont je dispose de calmer tes pleurs.

Ton poing de colère parfois serré si blanc. Tes matchs de boxe, tes trépignements.

Le chant du biberon. Tes tétées goulues. Ton bonheur de bulles et de gloussements. Tes gazouillis et tes crottes d'or. Ton odeur de bébé tout neuf. Tes sourires aux anges et tes petits pets.

Voici le monde et le jardin : des couleurs, des fruits et des fleurs !

Nous avons commencé notre conversation future : tous les mots sont pour toi.

Ma mère est une grande jeune femme aux yeux clairs. Je ne vous en parlerai guère, pardonnez-moi. Je n'ai pas très envie de partager ce qui m'est le plus cher : sa voix si tendre à mon oreille, son parfum, ses cheveux qui glissent sur mon front quand elle se penche pour m'embrasser… Cette sorte de bulle très douce où je m'enferme jalousement avec elle ne se raconte pas. Comment dire tout ensemble la douceur et la brûlure ? Tant de bonheurs et de nuances si délicates ? Quelque chose comme un flocon de neige tombant sur un visage, une goutte de pluie d'été sur une épaule, un flacon plein d'âme et de songe…

Je voudrais des mots de poète pour dire cela, notre secret d'amour, qui n'est qu'à moi et à mon petit frère !

Journal d'hiver

Adrien est enfin rentré à la maison. Il est tout petit, dort beaucoup, et ne fait guère de bruit. Mais quand il ouvre ses grands yeux son regard est étrange. Il y reste de la nuit. Je suis sûr qu'il sait des secrets.

Quand je serai papa, moi aussi je donnerai le biberon à Adrien. Je lui permettrai même de manger des bonbons et du chocolat.

12 décembre

« C'est chose tendre que la vie, et aisée à troubler[1]. »

1. Michel de Montaigne.

15 décembre

J'ai le désir de minuscules histoires murmurées à l'oreille d'un nouveau-né, et dont je pourrais imaginer qu'il les entend et les comprend.

Je rêve d'une langue qui serait faite pour les enfants. Une «douce langue natale», avec des mots plus ronds, plus sucrés, et des syllabes plus mélodieuses.

20 décembre

Dans la cuisine d'Odile, entre le radiateur et le sapin de Noël, il y a une petite maison au toit couvert de neige. Je jouerais bien avec, mais on m'interdit d'y toucher. Cela ressemble à une ferme, mais je n'y vois pas de tracteur, ni de cochons, ni de poules. Juste un petit bonhomme tout nu, couleur de sucre, une sorte de fève posée sur un lit de paille, entre un âne et une vache. Il n'a pas l'air d'avoir très chaud et lève en vain les bras pour tenter d'attraper les cadeaux qu'un grand Noir pas très sympathique fait mine de vouloir lui donner.

Cette scène curieuse est bien trop calme. Si je pouvais l'arranger un peu avec mes *Playmobil*, elle serait plus vivante!

21 décembre

Papa et maman ont installé un sapin dans le salon, un grand sapin couvert de guirlandes et d'étoiles, qui porte comme des fruits ses boules brillantes de toutes couleurs. Il clignote dans la nuit pour indiquer au Père Noël que c'est ici la maison d'un enfant sage dont il ne faudra pas oublier les petits souliers.

23 décembre

Nouveaux mots pour mon *Dictionnaire imaginaire de l'enfant sage* :

Orphelin : petit Orphée.

Larmoir : meuble où ranger les larmes.

26 décembre

Hier, c'était Noël : j'ai reçu en cadeau un château fort et un bateau de pirates. J'ai mangé beaucoup de chocolats, mais ne suis pas très sûr de croire au Père Noël.

28 décembre

La neige est une pluie très pure, froide et blanche qui tombe sans se précipiter, avec une infinie douceur. J'aime cette poudre tranquille qui brille si fort au soleil.

29 décembre

Nous sommes retournés à Paris. J'ai visité un grand parc avec des canards et des ânes. Mais la tour Eiffel avait perdu la tête dans les nuages. Il faisait gris. J'ai surtout observé les gens dans le métro : le nez dans un journal, ou rendormis, tête droite, leur sac posé sur les genoux, bercés par les tressautements du wagon qui les emporte dans le petit matin ou dans le soir très blême vers un lendemain tout pareil à aujourd'hui...

30 décembre

Paris est une ville canaille. On a le droit d'y faire des choses qui ne sont pas permises ailleurs. J'ai mangé au *McDo* avec papa, près du parc où il y a des ânes. J'ai bu du jus d'orange dans un verre en carton. Mais Adrien ne nous a pas accompagnés. Il ne peut pas manger de frites car il n'a pas encore de cheveux.

14 janvier

L'hiver n'en finit pas. Le ciel est bas, le jardin vide. Je tourne en rond à la maison. Adrien dort presque tout le temps. Je m'ennuie avec mes jouets. J'attends que viennent des invités. Ou bien, il me faudrait un chat, un chien, un poisson rouge ou un mouton, que sais-je encore ?

J'ai hâte que petit frère grandisse. Il me semble que lorsque nous pourrons jouer ensemble, ma vie sera bien différente.

17 janvier

Ce soir, en rentrant de l'école, j'ai aperçu au fond du pré un cheval tout seul, triste et frissonnant. J'espère que le fermier va vite le ramener dans l'écurie, avec les autres chevaux, et qu'il lui donnera de la paille, de l'avoine et un bain très chaud.

13 février

Pour la première fois, je suis allé au cinéma, avec papa. Nous avons vu *La Princesse et la grenouille.* Il y avait beaucoup de bruit et je n'ai pas très bien compris qui était ce méchant qui ne voulait pas que la grenouille redevienne une jolie princesse.

18 février

Papa m'a acheté un livre sur les chevaliers qui sont des gendarmes très améliorés, avec une armure, une lance, une épée et un cheval.

1ᵉʳ mars

Ce matin, j'ai réveillé Adrien en lui demandant de se dépêcher de grandir pour que nous puissions faire un combat. Dès qu'il sera, comme moi, un petit grand, je l'emmènerai à la mer, nous ferons des châteaux de sable et nous mettrons les pieds dans l'eau.

8 mars

Papa prétend que dans mon prénom il n'y a pas de A. Ce n'est pas vrai. J'entends le A dans Louis, comme dans Adrien.

Papa dit aussi que mes R ressemblent aux hamburgers. Moi, je dis que le R, c'est un rond avec un trait dedans.

20 mars

Que raconter encore de ma petite vie ?

Voilà déjà un an que je m'échine à tenir épisodiquement ce journal. À quoi bon ? Ni mon poupon, ni mon ours, ni mon chien, ni ma vache ne le liront. Quant aux enfants de mon âge, ils ont d'autres curiosités. J'ai le sentiment d'écrire dans le vide.

À moins que petit frère n'en soit le véritable destinataire…

LEÇONS DE CHOSES

On devrait coller une étiquette sur les choses, leur accrocher un petit bout de plastique portant mention de ce qu'elles sont.

PIERRE BERGOUNIOUX

Ce cahier de *Leçons de choses* ouvre un chapitre important de ce livre. Ici résident en effet mes véritables compétences : du côté des réalités de ce monde, les animaux surtout, dont je me suis fait une spécialité après les avoir bien observés et leur avoir consacré de longues heures de lecture et d'étude, le soir, allongé dans ma chambre, un coude sur l'oreiller.

Peu familier des subtilités de l'esprit et de la politique, à cause sans doute de mon jeune âge, je n'en pourrai livrer que des rudiments. Ni les mathématiques, ni la mythologie, ni la grammaire ne donnent lieu à des leçons de choses ; je leur ai pourtant fait une place, tant il me plaît d'ouvrir des voies nouvelles et de mêler les connaissances.

Un fond de métaphysique suffira. La géographie m'intéresse davantage, qui nous parle de la terre où nous vivons. Quant à l'histoire, la théologie et l'anthropologie, si ces matières me retiennent, c'est que j'ai pris goût aux héros (gendarmes, pompiers, Romains et chevaliers), aussi bien qu'à ces créatures naguère très puissantes mais mystérieusement disparues que l'on appelle les dieux.

J'ai commencé l'étude de ce monde par un domaine que d'aucuns jugeront très secondaire, sinon totalement dépourvu d'importance, mais qui recèle de vraies richesses à mes yeux : les animaux de la ferme, les camions, les trains et les avions, toutes sortes de créatures et de véhicules où s'illustre la variété des êtres vivants et des moyens de déplacement.

C'est un bonheur que de pouvoir nommer avec précision ce qui existe. Quelque chose manquera toujours à qui ne fait pas la différence entre la dinde et le dindon, non plus qu'entre la pelleteuse et le bulldozer. La vie humaine est une affaire d'exactitude et je n'aime guère les grandes personnes qui laissent sans réponse les questions que je leur pose ou qui se montrent évasives, fuyantes, peu concernées en vérité.

Pardonnez-moi de prendre le ton des livres de classe. J'ai, à vrai dire, le goût de l'instruction et des travaux pratiques. Je vais à l'école dans une petite classe de province, avec un gros poêle à bois, des encriers de porcelaine, trois platanes dans la cour, et des bruits de règles et de crayons.

Bientôt, je saurai réciter par cœur les conjugaisons et il sera alors assez facile de dire «je suis, tu es, nous sommes». Aucun de nous ne songera à prétendre le contraire.

Derrière leurs lunettes cerclées d'or, grammaire et grand-mère surveillent le juste poids des mots : quelques milligrammes d'encre sur trois grammes de papier blanc.

Elles disent toutes deux que l'on reconnaît les gens mal élevés à leur façon de se curer le nez aux feux rouges, de bâiller quand on leur parle, ou à l'emploi qu'ils font du mode subjonctif dans une proposition circonstancielle de temps introduite par «après que».

Le corps du lapin est plus allongé que celui du chat et sa peau est garnie de poils plus fins et plus serrés. Le lapin est d'un naturel pressé. Il ne marche guère, mais avance en faisant des sauts et parfois de grands bonds. Il n'est pas si peureux ni triste que le lièvre qui volontiers reste enfermé en son gîte à songer, insomniaque et sans cesse faisant le guet.

La poule est un oiseau à la tête petite et très mobile. Son bec très dur est percé de deux narines et n'a pas de dents. Sous son habit léger de plumes chaudes, la poule abrite ses œufs dont sortent les poussins en cassant la coquille.

Affamé, l'escargot quitte les buissons quand il pleut. La coquille qui abrite son corps mou de mollusque est en forme de tire-bouchon. Ses yeux font deux petites billes au bout de ses cornes télescopiques et sensibles au toucher : il peut les rentrer dans sa tête. Sa bouche en T ne contient pas de dents, mais sa langue est rugueuse.

Brune ou verte, la grenouille est froide. Elle ne porte ni poils, ni plumes, ni écailles : sa peau est nue, souple et toujours humide. C'est par là, plutôt que par les narines, que respire cette étrange reine des marécages, oisive et un peu sotte. Ainsi peut-elle survivre en restant enfouie dans la vase. Longtemps en sommeil, puis tout à coup bruyante, coassant qu'elle s'ennuie et qu'il lui faut un roi !

En dépit de leur taille et de leur poids, les dinosaures sont de charmants animaux de compagnie. Le mossaure et l'atlantosaure mesurent environ quarante mètres. Le giraffatitan pèse entre trente et soixante tonnes. Sur son crâne de deux mètres, le tricératops porte trois cornes. Le rhinocéros à narines cloisonnées, le macrothérium édenté gigantesque et le cerf à grands bois sont de taille un peu plus modeste. Tous appartiennent à la remarquable famille des géants qui n'a que brièvement survécu à l'installation des hommes, de leurs femmes et de leurs cohortes d'enfants sur cette terre naguère inhospitalière.

Certaines espèces très anciennes ont une existence incertaine, tel le géant Géryon qui avait trois têtes, comme le chien des enfers, mais également six mains et trois troncs réunis à la taille.

Il fut tué par Hercule, le jour où au milieu des vagues il chassait des vaches, en Érythie, l'île où la terre est rouge parce que le soleil s'y couche. On raconte que sur cette île, les pâturages sont si verts que le lait ne fait pas de petit-lait quand il caille, et qu'il faut saigner les bêtes tous les cinquante jours pour éviter qu'elles ne suffoquent par excès de sang. Quand Hercule transperça Géryon, d'une seule flèche bien ciblée, de son sang naquit un arbre qui porte des fruits sans noyaux semblables à des cerises.

On appelle ornithologie l'étude des oiseaux.

Les oiseaux qui ont le corps recouvert de plumes n'utilisent que deux membres pour marcher : les deux autres leur servent à voler, ce qui constitue un avantage appréciable.

Chez eux, un bec corné remplace les dents. Il affecte différentes formes selon leur régime alimentaire, mais ne souffre pas de caries.

Inutile d'essayer d'engager la conversation avec les canards du jardin public en leur lançant des bouts de pain. Ils sont autrement farouches que ceux qui vocifèrent du nez et trépignent en américain dans les dessins animés, et ils se sauvent en cancanant à qui mieux mieux après s'être jetés sur un petit morceau de mie ou de croûte.

À la différence de ceux que l'on rencontre

dans les films et les livres d'enfants, les animaux de ce monde sont dans l'ensemble peu loquaces.

La terre est une bille dans l'infini, un petit pois, un pépin de pomme ou de poire, un grain de riz perdu.

Mais elle tourne. Sans que nul n'éprouve des vertiges de fête foraine, ni ne perçoive le moindre souffle à ses tempes, sauf les jours de grand vent.

La terre, en dépit des tempêtes, des séismes et de quantité d'autres catastrophes, est une habitation paisible.

Solide, elle est composée de roches de diverses espèces.

Le granit, formé de petits grains, est très dur. Ses morceaux roulés dans la mer deviennent des galets polis.

L'argile, tendre et friable, colle à la langue quand elle est sèche. Humide, elle devient molle ;

on peut la modeler. Cuite dans un four, elle se change en tuile, brique, assiette ou vase…

Le gypse dont on fait le plâtre ressemble à du sucre mais n'est pas comestible.

La craie est blanche, douce et perméable. Si l'on y verse du vinaigre, il bouillonne. Souvent, elle crisse sur le tableau quand la maîtresse fait un dessin ou écrit un mot.

Un arbre, c'est de la terre qui s'élève, se ramifie et s'épanouit vers le bleu. C'est une conversation de feuillages et de fruits entre le soleil et la mort. C'est encore une échelle où s'ajustent nos proportions et nos climats.

L'arbre est une colonne vertébrale. Il se tient très droit, mais ne parle pas. Ou plutôt n'a-t-il d'autre voix que quelques milliers de feuilles périssables et d'oiseaux qui disparaissent ou reviennent au gré des saisons.

Il y a, en hiver, à son pied, une tombe silencieuse de feuilles fanées, de gazon gras et de fruits morts.

L'arbre attend que passe un Noël. La neige recouvre ses épaules. Parfois, des aiguilles de glace pendent au bout de ses branches. Il a fermé ses portes et ses volets de liège, calfeutré ses bourgeons. Il s'est endormi, un écureuil et deux hiboux sur le cœur.

De couleur rouge orangée, la racine de la carotte est très grosse ; elle se fixe solidement dans la terre. Celle de la betterave que l'on sème au printemps fait des réserves de sucre pendant l'été. On l'arrache à l'automne.

Les grains de blé sont blonds et durs. Sous la meule du moulin, on les écrase pour obtenir la farine dont on fait le pain.

L'oignon cru fait pleurer. Les pelures qui l'enveloppent sont colorées, minces, desséchées et imperméables à l'eau. Au cœur, on trouve un ou plusieurs germes verdâtres.

Toutes les pommes de terre ont des yeux. Un œil de pomme de terre est un creux dans lequel se cache un petit bourgeon. Cela signifie que contrairement aux apparences la pomme de terre n'est pas une racine mais une tige souterraine renflée.

Les pétales sont les paupières des fleurs. Mais point n'est besoin de les farder, non plus que d'en recourber les cils avec une brosse ou un petit pinceau. Où sont donc cachés les yeux ? Bien malin qui saurait le dire… Sans doute n'en ont-elles qu'un seul où les abeilles viennent se poser. Tantôt jaune, odorant et rond, tantôt si bien dissimulé qu'on ne l'aperçoit plus…

De leur œil immobile, les fleurs à tout jamais cherchent le bleu du ciel…

À l'inverse des fleurs, les lichens n'ont pas de pétales. Ils croissent très lentement, à la faveur des pluies et résistent à la dessiccation, au froid, au vide. Seuls, ils resteront sur la terre après que toute autre forme de vie en aura disparu.

Ils ne fleurissent pas. Humbles, très pauvres,

disgraciés, ils incrustent leur souffrance têtue entre les rochers acides.

Broderies grises et taches vertes sur la pierre : ces plantes-là sont précieuses par leur obstination.

Ainsi des mots de peu de bruit, de peu d'éclat, accrochent-ils encore leurs cris aux rocs et à l'écorce.

La pluie est une jolie dame, pieds nus dans l'escalier. Sage et gracile, elle se repose sur chaque objet. Encore demeure-t-elle peu, vernis infime, pellicule précaire. Le monde est propre, il étincelle. Feux de la pluie. Quantité de minuscules planètes déboulent ainsi dans l'herbe comme les œufs blancs des papillons.

Elle ne se divise pas. Venue de nulle part, elle retourne chez elle. Douceur de la pluie dans la paume : rêve d'une poignée de pluie.

Chuchotis et tressaillements, furtives confidences, mailles, tissu, lacis, bruits doux et voix ; il faut pour dire le marivaudage de la pluie de grosses voyelles rondes en forme de gouttes d'eau.

Le ciel se pose des questions bleues après l'averse.

Notre corps est composé de la tête, du tronc et de quatre membres : deux bras et deux jambes. Les bras sont réunis au tronc par les épaules, les jambes par l'intermédiaire des hanches. Sous notre peau, se trouve la chair, formée de muscles qui se contractent et nous permettent de nous mouvoir.

Comme celui du lapin, notre corps est soutenu par des os. Certains sont articulés, d'autres soudés. Notre sang est un liquide rouge qui coule sous la peau dans de petits tuyaux appelés vaisseaux sanguins.

Une quinzaine de fois par minute, notre poitrine augmente puis diminue de volume : nous respirons. Quand la poitrine se gonfle, l'air entre par le nez et descend vers les poumons. Quand elle se dégonfle, un air impur sort par le nez ou la bouche.

Chaque jour, nous absorbons des aliments afin de nous nourrir.

Il faut manger suffisamment et respirer de l'air pur pour grandir et pour que le corps se développe bien. Quand le repas est terminé, il ne faut pas oublier de se brosser les dents.

Le nez est l'organe de l'odorat. Les oreilles sont les organes de l'ouïe. La langue est l'organe du goût. Selon les individus, le nez, les oreilles et la langue sont de taille variable. Quand Pinocchio dit un mensonge, son nez s'allonge. À l'école, il arrive également que la maîtresse punisse ceux qui tirent la langue en leur tirant les oreilles.

Nos yeux sont très fragiles, mais bien protégés par les paupières, les cils et les sourcils. Très mobiles, ils ressemblent à des billes blanches striées de petits vaisseaux sanguins. Au centre, se trouve un petit trou appelé la pupille. Par ce trou on aperçoit le fond de l'œil : il est noir.

Les animaux humains ne sont couverts ni de poils, ni de plumes, ni d'écailles. Ils dissimulent leur nudité sous des morceaux de tissu, mais montrent en général leur visage et leurs mains.

En été, les beaux soirs, volontiers, ils se tiennent au bout de la jetée face à la mer, appuyés contre un mur de pierre au-dessus de l'eau, penauds et éblouis, en répétant : « C'est beau ! Que c'est beau ! »

Ils aiment aussi, pour boire un verre de cidre ou pour manger une crêpe au blé noir, qu'une apparence d'infini, couchée couleur bleu-gris, se tienne à côté d'eux, d'un seul tenant, tranquille, avec des courants, des risées, traversée de petits bateaux blancs aux voiles colorées.

Souvent, le bleu reste lointain : juste un trait d'outremer sur l'horizon, la frontière incertaine du pays que l'on n'atteint pas… Au-devant, c'est du gris, ou du vert assez terne, chargé d'algues et de sable. Un ciel lourd pèse sur la mer.

Quand ils grimpent, un autre matin d'été, sur quelque bateau promenade, ils se disputent la proue, la poupe, et les places près du bastingage, afin de se tenir le plus près possible du bleu. Tête vide, ils regardent et regardent encore ce qu'ils ne pourront pas comprendre : le vaste et le profond de la mer, ce grand arbre couché aux poumons pleins d'écume, sa respiration incolore, ses remuements légers, ses frissons, ses creux, ses bosses indécises et ses imbuvables bouillons… Le cœur incorrigible, ils demeurent silencieux, étrangement calmes et bercés de lointains.

Ils aiment ainsi *fendre les flots*, avec des roulis, des sillages et des éclaboussures. Le bleu qui part en gerbes et retombe en blancheur.

Un peu plus tard, remuant les bras et les jambes, ils glisseront dans cette énigme leur corps imperceptible. Puis ils s'allongeront sur le sable, parmi les parasols rayés, dans la chair rouge et grasse de l'été qui sent la friture.

Ce sont là les loisirs de l'âme.

Âme, *anima* : souffle vital.
Anemos : le vent.
Anémone : fleur qui s'ouvre au vent.
Animal : être animé.
Inanis : vain, dénué de souffle vital.

La bonne âme. L'âme damnée. L'âme sœur.
Comme une âme en peine. En mon âme et
conscience. À fendre l'âme.

L'âme est fastidieuse et périssable.
Les Âmes mortes.

Âme : ton haleine.
Âme : l'horizon quand il neige.
Âme : le commencement d'amour.
Âme : un petit hérisson, un oursin. Une bulle
de savon ou une bille, hérissée par le désir.

Âme : le plus fragile et désiré de tous les mots. Il dépose dans la voix une pierre blanche.

Un minuscule mot important. Juste de quoi ouvrir la bouche et la refermer, ayant vite expiré un peu de ce silence qui fait une tache invisible sur les lèvres.

Si tu n'es pas sage à l'école, tu porteras un bonnet d'âme.

Au bout d'une longue route creusée dans la glace, qui monte vers un plateau où retombe la poussière des aurores boréales, il y a une vaste maison de verre, avec une porte de cristal, mais sans fenêtre, sans pièces, simple placard muni d'une longue tige chromée et de milliers de cintres blancs.

Là sont rangés les dieux qui n'ont ni dieu ni maître, et qui attendent, gorge serrée, que vienne leur tour de croire et de s'agenouiller.

Leurs logis ordinaires sont d'une architecture sommaire : des escaliers, un vestibule, des colonnades et un parvis, aucune chambre où dormir, quelque chose comme un décor de théâtre antique où des tragédiennes en robes claires passent hautement sur leurs cothurnes et se jalousent.

Quelques privilégiés occupent un appartement spacieux au rez-de-chaussée de l'infini, avec de larges baies coulissantes et six fauteuils de paille et de rotin tressé où l'on s'assied le soir pour regarder tomber les anges en buvant une tasse de tisane.

Sans élever la voix, on parle du temps qu'il va faire et on se laisse griser un peu par la tiédeur de l'air, les rumeurs et les parfums mêlés qui montent de la terre lointaine.

« Le Balzac », « Cité Verlaine », « Résidence Mozart », « Villa Cézanne », les maisons des dieux ont des noms d'hommes célèbres qui témoignent du respect profond que portent leurs habitants aux œuvres de l'esprit et du cœur, ainsi qu'à ceux qui les ont composées, proches et pauvres parents de l'éternité.

À l'inverse, les humains baptisent leurs logis dérisoires, ceinturés de géraniums et surmontés d'une antenne, avec des noms de mausolée, de cimetière ou d'asile : « Le Parthénon », « Mon repos », « Petit Paradis »…

Les dieux qui demeurent dans les arbres, sous les plumes des oiseaux ou dans le calice des fleurs ont la garde du paysage. Ils veillent aussi sur le bétail et les moissons; ils exterminent les rats, les taupes et les loups; ils se portent garants du renouvellement des saisons et de la fertilité du sol. On ne leur construit pas de temple; on aménage à leur intention des vergers et des terrasses. En murmurant des formules secrètes, on plante des rameaux feuillus que l'on arrose de cervoise ou de lait. On cuit dans des marmites une bouillie de gruau et de miel. Des femmes nues grimpent dans les branches d'un chêne et y demeurent longuement suspendues. Au printemps, on attelle aux charrues des bœufs morts bourrés de paille, et l'on promène à travers les campagnes d'énormes phallus d'or. On s'enivre de vin, on chante, on danse, on s'insulte : répandre de l'encre, du sang, de l'alcool et de l'huile est une manière commune d'honorer les dieux.

PROSES POUR ADRIEN

Tu sais bien que je suis un petit garçon et que je n'ai pas le maniement des idées abstraites.

FRANCIS PONGE

Ce sont d'abord de petits coups frappés silencieusement dans la nuit contre le sac de peau : un minuscule bonhomme invisible qui remue dans le ventre de sa mère, la chair déjà toute pleine de songes…

Un jour, on entend au loin le bruit de galop du cœur : quelqu'un, très vite, qui se rapproche à la vitesse du sang dans les veines, depuis longtemps déjà en chemin par des couloirs obscurs…

Puis cette image floue, sur l'écran, d'une ombre grise qui palpite, serre un poing, remue la jambe, et parfois ouvre la bouche : essaierait-elle déjà de dire quelque chose ?

Je te parle à mi-voix. Tu te tiens au bord du sommeil, la pensée encore engourdie, les mots endormis dans la chair. Petit bonhomme de nuit aux yeux si souvent clos…

La clef de ce monde est sous la pierre des mille et une premières nuits d'amour où naquirent des enfants.

Quand le jardin s'éveille dans l'aube déjà rose, le rêve se dissipe sous nos paupières et nous ne savons pas encore vers où tourne la terre.

Mon petit frère est né trop tôt, trop vite. Trop impatient peut-être.

Il est resté longtemps à l'hôpital, dans un berceau bleuté très chaud, avec des lumières rouges qui clignotent et font du bruit.

Je n'ai vu d'abord de loin que son pied. Les girafes orange de sa couverture. Les tuyaux de plastique et les fils de couleur attachés à sa vie frêle.

J'ai dû attendre longtemps avant d'embrasser sa peau aussi fine que du papier, son corps d'oisillon tombé du nid.

Il dort beaucoup. Papa dit qu'il se remplume. De jour en jour plus rose, plus tendre, plus attentif et plus présent. Il secoue son manteau de nuit.

Il boit de tout petits biberons. Moi, je mange des saucisses et bois de l'eau qui pique.

En vérité, nous ne nous connaissons pas encore. Adrien me paraît très sérieux. Il ne sourit guère et ne rigole pas. On croirait parfois qu'il connaît des choses mais ne veut pas les dire.

À mon tour, quand je serai un papa, je donnerai à mon petit frère son biberon et son bain.

Aujourd'hui, c'est pour lui que j'écris ces fables et ces histoires. Pour qu'il oublie ses gros soucis et que ce monde lui soit aimable.

La maison quand il pleut est un coffret de dominos. Les sabots minuscules des moineaux trottent sur le toit.

Dans le piano s'endort un géant doux. Écoute, Adrien, mes histoires…

Je te raconterai le chevalier Bayard, Ivanhoé, le Cid Campeador, le grand Mamamouchi et le vaillant petit tailleur, le marchand de sable et les travailleurs de la mer, la baleine blanche, le Père Lustucru et son chapeau pointu.

Je te raconterai Noé, Zorro, Rintintin et Aristote, Robin des bois et d'Alembert, Spiderman et Spinoza, la prodigieuse histoire du bon géant Gargantua et de son fils Pantagruel.

Je te raconterai les songes d'une nuit d'été et les marchands de Venise, la gamine qui garde ses moutons dans la montagne et dont j'ai oublié le nom.

Je te raconterai les trois petits cochons et la théorie de la relativité d'Einstein à laquelle je n'ai rien compris, les trous noirs et les déchirures bleues, les blanches neiges éternelles et les petits poucets rêveurs.

Je te réciterai tout ce qu'il me reste en mémoire des bibliothèques de jadis et t'apprendrai aussi à déchirer les images fausses.

Tu connaîtras Marcel, Arthur, Stéphane, Charles et les autres, qui ont les mêmes prénoms que nous mais dont les livres dureront plus que nous.

Et puisque tous ces mots ne seraient sans toi qu'un gribouillis de signes noirs, je t'offre le bouquet de toutes les pages accumulées depuis tant de siècles en vue de ta naissance.

Je te montrerai Venise la rouge où pas un bateau ne bouge, et nous ferons s'envoler ensemble les pigeons de la place Saint-Marc.

Nous marcherons à Kyoto sur le chemin des philosophes à la saison des cerisiers et à San Francisco le long des *Piers* en écoutant crier les otaries.

Nous traverserons l'Amérique, et franchirons

en train le cercle polaire entre Trondheim et Bodø.

Nous grimperons jusqu'au sommet de l'Acropole. Nous descendrons dans les Catacombes et nous rendrons visite aux momies de Palerme.

Sur le marché d'Hanoi, nous achèterons du riz, des sandalettes et des jouets d'enfants.

Nous saluerons à Rio le grand Christ Rédempteur, les bras largement écartés au sommet du Corcovado.

Enfin, nous traverserons à pied Poddema, le Pays de la Magie et la Grande Garabagne.

Puisque tu aimes aussi l'azur, je te ferai visiter Sidi Bou Saïd où toutes les maisons sont blanches avec des volets bleus.

À Beyrouth, nous cueillerons des roses trémières près de la Grotte aux pigeons et prendrons le taxi pour Baalbek : à l'hôtel Palmyra, le temps s'arrête près du temple du soleil.

Le temps… Oui, je t'apprendrai le temps qui s'écoule doucement au bord de la Creuse, de l'Indre ou du Doubs.

Et le toucher de la plume d'or sur la page blanche, peu différent de celui de la main sur la peau nue, quoique moins éphémère.

Nous écouterons les mots qui murmurent

dans leur encre, le bois qui craque, les arbres qui toussent dans le vent d'hiver et la pluie qui tinte sur la rouille, l'étoile rose qui pleure au fond de la nuit, le pigeon dans le marronnier, et le chant sourd des abeilles et des papillons blancs à travers les prairies au midi de l'été.

L'abeille et le papillon

Le matin, dans le pré, il y a des gouttes de soleil et des araignées endormies sur les paupières des fleurs, des bagues à leurs doigts, du rouge à leurs lèvres closes… Gourmande, l'abeille se penche par-dessus leur chemise qui bâille ; elle voit la corolle et le bouton pointer : son cœur alors tombe dans le pollen.

Elle danse et vrombit sans fatigue. Son désir insatiable fait moisson de parfums dans le pré. On dit que sa bouche pleine de fleurs se posa jadis sur les lèvres du poète.

Depuis toujours elle donne des leçons de précision, de liberté et de prudence : s'élancer d'un mot l'autre, tenir sa langue en équilibre, courir toutes les choses du monde, n'en former qu'un seul miel, relier la ruche et le pré, l'alvéole et le bleu du ciel, ne jamais se décourager, se dévouer jusqu'à mourir aux mêmes tâches nécessaires et simples, et surtout prendre soin des fleurs, être exact à leurs rendez-vous : le printemps n'attend pas.

Le ciel, en fin de compte, ne l'intéresse guère. Ses ailes sont trop frêles pour grimper vers le bleu. Elle se contente des marguerites. Elle est la plus terrestre et la plus solaire des créatures ailées. Telle prévaut sa sagesse : fabriquer de la lumière et de la douceur à usage interne, donner corps aux parfums de l'été, comme aux rêveries ou aux aspirations : parvenir à la merveille sans perdre de vue le verger.

Il ne lui manque que de laisser parmi les fleurs des traces de sa circulation vibrante. Ô combien de fils d'or parfumeraient le pré si, comme les araignées indolentes, elle tissait en plein air la toile de son miel, au lieu de le dissimuler dans l'obscurité de la ruche.

La neige, cet hiver-là, fut quarante jours sur la terre. Elle tombait sans un souffle. Le ciel se vidait tout entier : il fondait comme une page dont les mots se délivrent.

Peu à peu, les reliefs et les formes se sont effacés. La neige ensevelit les maisons des hommes, les tours des villes, les clochers d'églises, et même les hautes croix plantées au sommet des montagnes. Ce déluge cessa quand le monde ne fut plus qu'une immense banquise glacée, immobile et si blanche que la nuit même ne parvenait plus à l'obscurcir. La terre, dans son aube, était une lune de craie.

Ainsi, toute vie serait morte, si dans l'infini matin pâle n'avait surgi soudain l'aurore incompréhensible d'une myriade de papillons essaimant leurs couleurs sur ce cadavre du monde.

Tous ensemble, ils se mirent à téter le lait glacé : ainsi fondit la neige. Mais, gavés de froidure, ils périrent lorsque perça sous leurs ailes la première fleur.

Le papillon n'a jamais de peine. La flûte de son cœur voué aux passions légères ne s'affole qu'à la vue des fleurs. Il voit jaune, il voit rouge, un sang frénétique baigne sa minuscule tête d'épingle. Il s'immobilise alors en plein vol pour téter le nectar sucré, ses fausses pattes abdominales accrochées aux corolles tremblantes.

Quand ils s'aiment, deux papillons de nuit se tiennent longtemps serrés très fort l'un contre l'autre. Dans un parc vide, au crépuscule, ils se sont rencontrés sur un banc de bois peint. Leur premier baiser a duré jusqu'à l'aube. Puis ils ont dormi tout le jour, accouplés sous leurs ailes, et ne se sont réveillés que le soir.

Le papillon vit sans papiers. Sa vie est écrite sur ses ailes. C'est une miniature peinte par un

Dieu paisible. Ce vagabond fait cent fois par jour le tour du jardin.

Dans un cocon en fil de soie, il aura patienté longtemps. Puis, un jour, vient sa métamorphose. À présent, il ne changera plus : son existence est sans histoire. C'est pourquoi il se déplace si légèrement, en se riant du temps qui passe. Il boit le ciel à petites gorgées…

Il vit luxueusement, dans une espèce d'oisiveté odorante : il rend visite aux fleurs qui lui ressemblent. Sa fragilité le protège : il ne vieillit pas. Le soleil, un matin, oubliera de le réveiller.

Fable du premier jour

Avant le premier bruit, le premier geste, la première intention, avant qu'il y eût place sur terre pour la douleur, quand au jardin tout était calme, sous les broussailles et les brouillards du jour tout neuf, quand le monde sentait la peinture, le plâtre, les planches coupées et qu'il n'y avait pas encore de fissures dans le ciel, quand la mer épelait ses vagues et classait ses poissons dans l'ordre alphabétique sous le préau sonore des falaises au premier jour de l'équinoxe, tandis que les oiseaux jaseurs visitaient les arbres et choisissaient pour s'établir les plus belles branches, quand ne battaient pas les horloges dans les salons et les cuisines qui ne sentaient ni le tabac ni la soupe, quand les diables restaient dans leurs boîtes et les dieux près de la fontaine marivaudaient, quand l'homme faisait la sieste sans rêver près de la femme épanouie, déjà secrète, quand il n'y avait ni cendre, ni poussière, ni souvenir, parce qu'aucun temps n'était passé et que personne n'était mort, quand il était possible de croire que cela, ainsi, durerait toujours, les mots déjà faisaient le guet, prêts à sauter sur l'occasion d'offrir leurs loyaux services à ceux qui devaient disparaître et ne le savaient pas.

Le petit chat est mort

Il se moque de ce que je vais écrire à son propos… Ces choses ne le concernent pas : l'encre, sa fourrure en est imprégnée ; le papier, il l'effleure à peine en marchant ; quant à la plume d'or, sa double lame étincelle dans ses yeux. Les mots, il les connaît par cœur, son ronronnement les récite. Sa mémoire est ténébreuse, et son regard parfois devient insoutenable à force de fixité et de précision : il sait voir l'infini de face. Tandis que nous allons très maladroitement sur la terre, en nous demandant ce que nous sommes venus y faire, étudiant le mouvement des astres et nous inquiétant de quelque patrie perdue, lui trouve sa place tout de suite : il se met en boule près de la cuisinière, s'allonge avec volupté sur le lit, ou prend ses aises entre les fleurs dans le jardin. Il sait les choses et se tient là, tranquille, impénétrable : il a compris sans doute, au cours d'une autre vie plus vaine, que ce monde-ci vaut la peine d'être vécu, avec ses papillons, ses souris, ses fillettes qui rentrent de l'école et ses pelotes de ficelle ; rien ne sert de se casser la tête, d'écrire des lettres d'amour, ni de se plaindre. Cette conviction lui est si intime que sa personne entière la répète : de la griffe à l'oreille, le mystère chatoyant d'être là.

— Quelle nouvelle ?
— Le petit chat est mort.

Agnès a répondu une fois pour toutes. Une courte phrase effrayante et douce dans la bouche de la plus candide créature. Est-il une autre nouvelle que l'annonce apparemment indifférente et presque paisible de la disparition d'une précaire parcelle de ce monde ? Même si les journaux du matin n'en parlent pas. C'est là l'unique événement de notre existence, le seul que puisse rapporter l'écriture. Sommes-nous davantage qu'une poussière qui pense et qui meurt ?

— Oui, le monde, chère Agnès, est une étrange chose. Chiens et chats y meurent sans tapage, comme les moustiques contre le pare-brise des automobiles, et les fourmis ou les hérissons sous leurs roues…

Conte du bouton de nacre

On raconte que de l'autre côté du monde, au pays brûlant de Bora-Gao, les arbres ont de si larges feuilles que l'on peut s'abriter au-dessous. On dit aussi que les fillettes de ce pays, chaque fois qu'elles sont malheureuses, vont s'asseoir au bord de la mer où elles laissent couler leurs larmes pour que personne ne sache qu'elles ont pleuré. On prétend enfin que ces larmes, descendant doucement à travers l'eau salée, sont recueillies par des coquillages qui se referment sur elles comme de petites boîtes, afin que le chagrin s'arrête, ou qu'il se tienne tranquille, bercé par le balancement des algues dans le profond silence de la mer.

On rencontre à Bora-Gao de jeunes pêcheurs au corps cuivré qui plongent chaque jour dans l'eau couleur de menthe pour récolter ces coquillages qu'ils ouvrent d'un coup de couteau au fond de leur pirogue. À la place des larmes enfantines, ils découvrent des perles, blanches et lisses comme des gouttes de lait, irisées de rose ou de bleu selon la place du soleil dans le ciel.

Lorsqu'ils sont de retour au village, les pêcheurs de Bora-Gao déposent les perles dans des écrins de bois sombre, puis ils les expédient aux orfèvres des pays lointains qui composent avec elles des colliers, des broches et des bagues.

On dit que l'une de ces perles de nacre partit ainsi un jour loin de Bora-Gao, vers l'épaisse forêt de Schubaïchaï sur laquelle règne Son Altesse le prince de Kalentaïa. Lorsqu'il découvrit ce troublant joyau, où l'éclat d'un ciel inconnu s'était mêlé naguère à la tristesse d'une fillette aux yeux sombres, le prince en fut tout émerveillé. Comme c'était un valeureux chasseur, il décida que l'orfèvre le plus habile et la couturière la plus adroite du royaume transformeraient cette perle en bouton et la coudraient avec un fil d'or sur son habit de chasse, juste à la hauteur de son noble cœur. Cela fut exécuté ainsi qu'il l'avait ordonné.

Le bouton de nacre venu des mers du Sud vit alors défiler devant lui les plus vaillants chevaliers et les dames les plus belles. Il entendit bramer les cerfs dans la forêt de Schubaïchaï et il s'enivra de l'odeur forte du loup, de l'ours et du sanglier. Pendant les mois d'hiver, il somnolait paisiblement dans la tiédeur et la gloire du cœur princier. Son Altesse craignait trop les rhumes pour chasser à la saison froide, mais elle était si fière de son habit et de sa réputation qu'elle demeurait toujours équipée de pied en cap, avec ses guêtres et son chapeau à plume de faisan, comme si l'on allait tout à coup sonner le cor et traquer le gibier. Malgré les fêtes et les festins, le bouton de nacre s'ennuyait. Il se prenait à rêver, observant souvent les flocons de neige qui se balançaient derrière les vitres du palais : ils lui semblaient une pluie de larmes, tombée des yeux d'une petite fille assise triste et très haut dans le ciel gris. Ainsi passèrent des hivers et des étés…

Un après-midi d'octobre, lors de la dernière grande chasse de l'année en forêt de Schubaïchaï, à laquelle étaient conviés toutes les dames et tous les seigneurs du royaume, le prince de Kalentaïa, pour faire admirer une fois de plus son courage, affronta seul un ours féroce. Le combat fut terrible : l'homme et la bête s'agrippaient l'un à l'autre avec une telle fureur que l'on ne parvenait plus à les distinguer. L'éclat du couteau princier se confondait avec le feu des yeux de l'animal. Son Altesse sortit victorieuse, mais blessée, de cette épreuve. Son bel habit fut tout taché de sang. Le fidèle bouton de nacre avait lui aussi résisté vaillamment, mais le fil d'or de ses deux yeux resta maculé de sang pourpre. À dater de ce jour, le bouton à demi aveugle ne rêva plus que des ours de la forêt de Schubaïchaï. Lui si pâle et si clair, aussi doux autrefois que des larmes d'enfant, s'était heurté au pelage de la bête, enivré de son odeur, et était devenu impatient d'aventures, de coups d'épée et de couleurs criardes. Il tirait sans relâche sur le fil de ses yeux rouges, sans parvenir à se délivrer.

Sous leurs immenses chapeaux comiques, les médecins du palais soignaient le prince dont les blessures cicatrisaient, grâce à son énorme appétit, plutôt que par l'effet des potions compliquées. Au printemps, Son Altesse fut complètement rétablie. Elle décida aussitôt de le faire savoir en organisant une nouvelle chasse en forêt de Schubaïchaï. Imaginez la joie du bouton de nacre lorsqu'il entendit au-dehors l'aboiement des chiens, le piétinement clair des chevaux et les cris des piqueurs ! À l'heure du départ, le prince enfila son noble habit que l'on avait pris soin de ne pas nettoyer, afin qu'il portât témoignage du terrible combat de l'automne précédent : pareilles à des décorations, les taches de sang seraient les marques de sa gloire !

Mais le prince de Kalentaïa éprouva toutes les peines du monde à boutonner son costume de chasse. Six mois de lit, dont trois de gros appétit, lui avaient donné de l'embonpoint. On tira, on poussa, on força, et Son Altesse enfin put partir pour la chasse. Ivre de joie, le bouton de nacre continuait en secret son ouvrage, aidé par les efforts du prince qui s'essoufflait dans la forêt de Schubaïchaï. Les chasseurs furent bredouilles ce jour-là, car on allait très lentement afin de ne pas fatiguer le convalescent. À midi, celui-ci s'étendit auprès d'une source, sous un chêne, pour goûter un peu de fraîcheur et reprendre des forces. Il voulut ouvrir son habit, mais n'y parvint qu'en arrachant le précieux bouton qui alla rouler dans l'herbe sans que quiconque s'en aperçût.

Tout le monde était rentré au château. Le prince fatigué quitta son vêtement et se remit au lit en bougonnant. Dans la forêt, le bouton de nacre pleurait. Le mince fil d'or rougi de sang qui lui avait donné naguère tant de courage était resté sur l'habit princier. Il n'avait plus que les deux trous de sa liberté toute neuve où roulaient les perles de la rosée du soir.

Seul dans la profonde forêt de Schubaïchaï, il serait certainement mort de froid, enseveli dans l'herbe et sous les feuilles, si un pauvre paysan qui cherchait du bois par là ne l'avait ramassé. Tout le monde sait que dans le royaume gouverné par le prince de Kalentaïa les miséreux ne portent pas de boutons à leurs guenilles, surtout pas de boutons de nacre. Le paysan rapporta chez lui sa trouvaille, comme un précieux bijou. Sa femme y fit passer un long fil de laine, puis elle la suspendit au-dessus de la cheminée, à côté de l'icône de bois taillé. Quand la fillette de la chaumière se sentait trop seule et avait envie de pleurer, elle allait s'asseoir près du feu et regardait briller le bouton de nacre. Alors elle refermait les yeux et rêvait doucement à des choses incroyables : des pays brûlants entourés d'eau couleur de menthe où des enfants cuivrés se baignent.

Et son chagrin disparaissait.

Il se fait tard, petit frère.

Un bruit et une voix après l'autre, le jour se tait. Les chevaliers ont rentré dans les écuries leurs chevaux. Les princes et les princesses de nos livres d'images vont refermer les yeux. Je range mes contes et mes poèmes. La nuit qui tombe est sans étoiles. Ne crains pas les sorcières de la forêt lointaine : contre ton cœur d'amour, leur pouvoir est sans force.

Avec mon bouclier en carton et mon épée, je te protège.

Bonne nuit, petit frère.

CAHIER DE LOUIS
Journal de printemps
Journal d'été
Feuilles d'automne
Journal d'hiver

LEÇONS DE CHOSES

PROSES POUR ADRIEN
L'abeille et le papillon
Fable du premier jour
Le petit chat est mort
Conte du bouton de nacre

Œuvres de Jean-Michel Maulpoix (suite)

Essais critiques

HENRI MICHAUX, PASSAGER CLANDESTIN, Champ Vallon, 1985.

JACQUES RÉDA, LE DÉSASTRE ET LA MERVEILLE, Seghers, 1986.

LA VOIX D'ORPHÉE, José Corti, 1989.

LÉON ZACK OU L'INSTINCT DE CIEL, La Différence, 1991.

LA LITTÉRATURE FRANÇAISE DEPUIS 1950, Hatier, 1991.

LA POÉSIE MALGRÉ TOUT, Mercure de France, 1995.

« FUREUR ET MYSTÈRE » DE RENÉ CHAR, Gallimard, 1996.

L'ACTE CRÉATEUR, P.U.F., 1997.

LA POÉSIE COMME L'AMOUR, Mercure de France, 1998.

HENRI MICHAUX : PEINDRE, COMPOSER, ÉCRIRE, Gallimard, 1999.

DU LYRISME, José Corti, 2000.

LE POÈTE PERPLEXE, José Corti, 2002.

ADIEUX AU POÈME, José Corti, 2005.

« LETTRES À UN JEUNE POÈTE » DE RAINER MARIA RILKE, Gallimard, 2006.

POUR UN LYRISME CRITIQUE, José Corti, 2009.

« CHOIX DE POÈMES » DE PAUL CELAN, Gallimard, 2009.

*Ouvrage composé
par Dominique Guillaumin, Paris.
Achevé d'imprimer
par l'Imprimerie Floch
à Mayenne, le 17 septembre 2010.
Dépôt légal : septembre 2010.
Numéro d'imprimeur : 77607.*

ISBN 978-2-7152-3141-2 / Imprimé en France.

177965